Uwe Klindworth

Eine lebendige Landschaft
Strukturvielfalt ist biologische Vielfalt

Herausgeber
Verbundprojekt Vielfalt in Geest und Moor
der Landkreise Emsland, Cloppenburg, Oldenburg, Vechta

Konzept, Text, Gestaltung
Maike Hoberg, Lea Otto, Tilla Schulte-Ostermann

Gefördert durch:

aufgrund eines Beschlusses
des Deutschen Bundestages

ISENSEE VERLAG OLDENBURG

 Liebe Leserinnen und Leser,

herzlich willkommen zu diesem besonderen Buch über die wertvollen Lebensräume unserer Natur! In den kommenden Seiten werdet ihr eine spannende Reise durch Wald, Feuchtwiese, Teich und Fluss, Moor und Heide erleben. Verbunden durch Hecken und Säume sind sie Heimat für viele faszinierende Tiere und Pflanzen.

Dieses Buch soll euch die Schönheit und Vielfalt der Natur nahebringen und euch dazu ermutigen, diese kostbaren Lebensräume zu schützen. Lasst uns gemeinsam dafür sorgen, dass Flüsse, Moore, Heiden, Wälder und Feuchtwiesen für immer ein Zuhause für viele Tiere und Pflanzen bleiben.

Viel Spaß beim Lesen und Entdecken!

Im Projekt „Vielfalt in Geest und Moor" werden Lebensräume geschützt und verbessert, in dem zum Beispiel Flüsse renaturiert, Moore wiedervernässt, Heiden beweidet, Feuchtwiesen vergrößert, Wälder aufgelichtet und Teiche geschaffen werden. Ziel ist es, die wertvollen Naturlebensräume für unsere Tier- und Pflanzenarten zu erhalten und den Verlust von Arten aufzuhalten. Ebenfalls sehr wichtig ist, dass über die Schatzkästen unserer Natur informiert wird und auch was wir für ihren Erhalt tun können.

Wichtige Begriffe leicht erklärt:

Biologische Vielfalt, auch bekannt als Biodiversität, bedeutet die unglaubliche Vielfalt an verschiedenen Tieren, Pflanzen, die gemeinsam unsere wunderbare Natur ausmachen.

Strukturvielfalt in der Natur bedeutet, dass es viele verschiedene Lebensräume dicht beieinander gibt, wie zum Beispiel einen Wald, in dem es Totholz gibt, Lichtungen mit Wildblumen, Teichen und Sträuchern.

Ein Biotop ist ein besonderer Ort in der Natur (Lebensraum), an dem bestimmte Tiere und Pflanzen leben und sich wohlfühlen.

Ödland ist eine trockene und einsame Gegend mit wenigen Pflanzen oder Tieren.

Ein Magerrasen ist eine besondere, trockene Art von Wiese, auf der viele seltene und kleine Pflanzen und Tiere leben, die mit Sand und Sonne gut zurechtkommen.

Kohlendioxid (CO_2) ist ein Gas, das wir nicht sehen oder riechen können. Ist davon zu viel in der Luft, schädigt es das Klima, so dass es auf der Erde immer wärmer wird.

Bibliografische Information der Deutschen Bibliothek
Die Deutsche Bibliothek verzeichnet diese Publikation in der Deutschen Nationalbibliografie; detaillierte bibliografische Daten sind im Internet über <http://dnb.d-nb.de> abrufbar.

ISBN 978-3-7308-2047-6

© 2023 Isensee Verlag, Haarenstraße 20, 26122 Oldenburg
Alle Rechte vorbehalten. Gedruckt bei Isensee in Oldenburg.

Unsere Landschaft ist eintönig geworden.
Hier finden nur noch wenige Tiere und Pflanzen einen Lebensraum.

So ist es besser! Hier gibt es naturnahe Wälder, Flüsse, Wildblumen und Hecken.
Kannst du das Moor entdecken? Das ist eine lebendige Landschaft! Das ist biologische Vielfalt!

In dieser eintönigen Landschaft finden kaum noch Tiere und wenige Pflanzenarten Platz zum Leben. Hier fehlen Wälder, Hecken und Blumen. Die Tiere können sich nicht verstecken und finden keine Nahrung. Es ist schwierig, die Tierkinder großzuziehen.

In diesem Buch findet ihr verschiedene Lebensräume, die unsere Landschaft artenreich und vielfältig werden lassen.

Nährstoffkreislauf – vom Blatt zu Humus

Jeden Herbst fallen Millionen Blätter von den Bäumen. Eigentlich müssten wir meterhoch im Laub stehen. Tun wir aber nicht! Das kommt daher, dass die Blätter wieder umgewandelt werden in Erde, genauer gesagt in Humus.

Und wer macht das? Die Bodentiere! Einige sind so groß, dass du sie mit bloßem Auge sehen kannst, wie z. B. der Regenwurm, die Assel, der Saftkugler und der Hundertfüßler. Es gibt aber auch Bodenlebewesen, die kann man nur mit der Lupe oder dem Mikroskop sehen kann, wie Springschwänze, Fadenwürmer, Milben, Pilze und Bakterien.

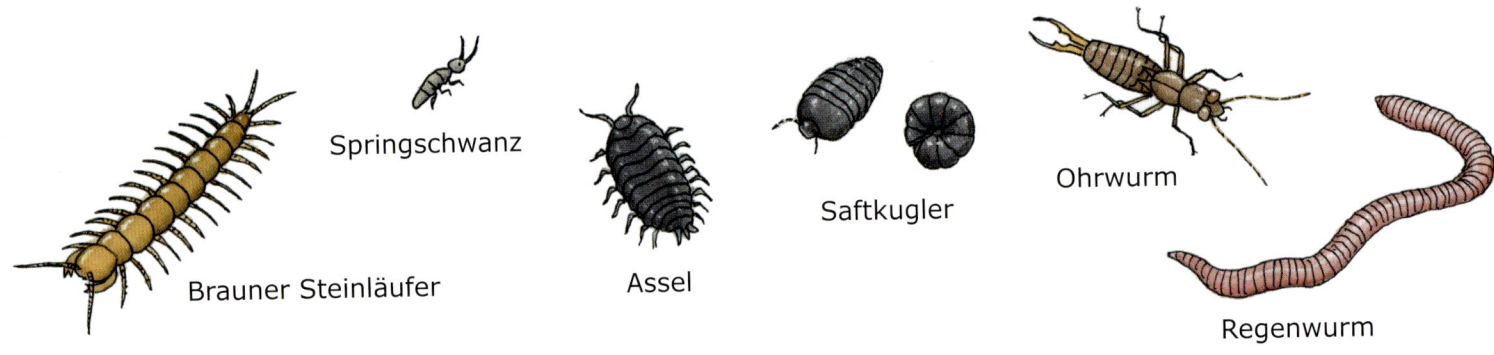

Die Bodenlebewesen fressen die Blätter und nach ihrer Verdauung scheiden sie Humus wieder aus. Der Humus enthält alle Nährstoffe, die Bäume und Pflanzen zum Leben brauchen. Mit ihren Wurzeln nehmen sie sie aus der Erde auf.

Nimm zwei Händevoll Humus. Jetzt hältst du mehr Lebewesen in der Hand, als es Menschen auf der Erde gibt!

Ohne Laub und die Bodentiere gäbe es keinen Nährstoffkreislauf und es wäre kein Pflanzenwachstum möglich.

Gleiches gilt übrigens für alte und tote Bäume. Auch diese werden von Tieren, Pilzen und Bakterien langsam zersetzt und sind Teil des Nährstoffkreislaufs. Bei ihnen dauert es nur länger. In dieser Zeit bieten sie viele Jahre lang über 2.000 Käferarten, Eulen, Hornissen, Fledermäusen und anderen Tieren einen Lebensraum.

Lass ruhig etwas Laub, Alt- und Totholz im Garten und der Landschaft liegen!

Hutewald – ein besonderer Wald aus der Vergangenheit

Ein spezieller Wald und eine frühe Waldnutzung ist der Hutewald.

Früher wurden Rinder, Schweine, Schafe und Pferde in den Wald getrieben, um dort zu fressen. Sie knabberten immer wieder die Äste der Bäume an. Dadurch wuchsen die Bäume nicht mehr gerade in die Höhe. Vom Stamm aus wuchsen viele Äste zur Seite, wie bei Kopfweiden.

Hutewälder entstanden nicht nur durch die Beweidung mit Vieh. Die Äste wurden gezielt abgeschnitten und das Laub als Futter und Einstreu für das Vieh verwendet.

Gut bei dieser Waldbewirtschaftung ist, dass Hutewälder sehr abwechslungsreich sind. Es gibt offene, helle Waldlichtungen und dichte Wälder. Es ist ein sehr strukturreicher Wald, der vielen Tieren und Pflanzen Lebensraum bietet.

Die Gefahr einer Überweidung und Nutzung bestand allerdings in der Vergangenheit und hat zum Rückgang der Wälder geführt. Manchmal blieb nur kahles Ödland übrig und einzig Heide konnte auf den nun baumlosen Flächen wachsen.

Heute werden aus Naturschutzgründen einige Waldflächen wieder von Rindern und Ponys beweidet aber so, dass eine lebendige Landschaft aus Wald und offenen Waldlichtungen erhalten bleibt und zu einer Steigerung der Artenvielfalt von Tieren und Pflanzen führt.

Hornklee

Wilde Möhre

Rebhuhn

C-Falter

Lebensraum Wegesaum und Wildblumenwiese

Acker

Insekten und Wildblumen sind wie Schloss und Schlüssel – darum Wildblumen aussäen, die hier Zuhause sind

Blüten und Bestäuber

Ohne Bestäubung gibt es keine Früchte und Samen. Fluginsekten sind die wichtigsten Bestäuber. Die Blüten liefern ihnen im Gegenzug Nektar und Pollen als Nahrung für sich und ihren Nachwuchs. Je mehr Wildblumen es in der Landschaft und im Garten gibt, desto mehr Wild- und Honigbienen, Schwebfliegen, Käfer und Schmetterlinge sind unterwegs.

Wildblumen und Insekten leben seit vielen tausend Jahren zusammen in einer Region. Sie haben sich gemeinsam entwickelt. Die Saugrüssel der Insekten passen sich an die hier vorkommenden Blütenformen an. Sie gehören wie Schloss und Schlüssel zusammen.

Wildblumen aus anderen Regionen oder Blumen, die vom Menschen gezüchtet wurden, können den Insekten, die hier Zuhause sind, oft keine Nahrung bieten.

Darum ist es ganz wichtig, regionale Wildblumen auszusäen, also Blumen die hier zu Hause sind! Damit hilfst du den Insekten und den Wildblumen!

Tipps zum Anlegen deiner Wildblumenwiese:

- Du brauchst eine Fläche ohne Gras in der Sonne. Entweder musst du das Gras entfernen durch Umgraben oder Abschälen oder noch viel einfacher, du harkst die Maulwurfshaufen in deinem Garten glatt.
- Jetzt streust du die Samen auf die Erde. Nicht einharken! Die Wildblumen brauchen Licht zum Keimen.
- Mit etwas Geduld werden nach 4 Wochen die ersten Pflanzen wachsen und nach 8 Wochen die ersten Wildblumen blühen.
- Du brauchst die Wildblumen gar nicht zu mähen. Im Rasen kannst du einfach um sie herum mähen.
- Wildblumenflächen können aber auch 1-2 Mal im Jahr gemäht werden. Wichtig ist dabei, dass das Abgemähte nicht liegen bleibt, da die Blumen darunter ersticken.
- Im Herbst und Winter bieten die vertrockneten Blütenstängel vielen Insekten und Vögeln ein Überwinterungsquartier und Nahrung.
- Wildblumen kannst du am besten im Frühling und Herbst aussäen.

Lebensraum Feuchtwiese

Wiesenvögel brauchen Feuchtwiesen mit Wildblumen und Insekten

Eine Feuchtwiese hat oft einen nassen Boden. Entweder weil sie in der Nähe eines Flusses ist und manchmal überschwemmt wird oder weil der Regen nur langsam versickert, wie z. B. auf moorigen Böden oder in Senken. Viele blühende Gräser und Kräuter wachsen auf den Feuchtwiesen. Im Frühjahr sticht das weiße Wiesenschaumkraut und der gelbe Hahnenfuß besonders ins Auge.

Auf Feuchtwiesen fühlen sich Brachvogel, Rotschenkel, Bekassine, Uferschnepfe und Kiebitz wohl. Diese Vögel werden „Wiesenvögel" genannt, weil sie ihre Nester in das Gras auf dem Boden bauen.

Küken- und Gelegeschutz

Wiesenvögel mögen freie Sicht, damit sie Gefahren wie Fressfeinde schon von weitem sehen können. Sie brüten nur, wenn im Umkreis von 300 m kein Baum steht.

Die Eier der Wiesenvögel sind mit Mustern getarnt. So werden sie von Räubern wie Füchsen, Wieseln, Krähen und Hunden nicht so leicht entdeckt.

Auch den Menschen, die den Wiesenvögeln helfen wollen, fällt das Entdecken der sehr gut getarnten Nester am Boden schwer.

Zum Schutz der Gelege und Küken werden in Wiesenvogelschutzgebieten im Frühsommer die Wiesen und Äcker abgesucht und gefundene Gelege markiert, damit Landwirte mit ihren Maschinen die Nester umfahren können.

Die Küken brauchen, wenn sie geschlüpft sind, eiweißreiche Nahrung in Form von Insekten. Insekten wiederum ernähren sich von Blütennektar und Pollen. Bestehen unsere Wiesen nur noch aus einer Sorte Gras, werden mehrfach im Jahr intensiv gedüngt und gemäht sowie mit Pestiziden bearbeitet, gibt es keine Wildblumen, keine Insekten und keine Wiesenvögel.

Viele Wiesenvögel haben längere Schnäbel, mit denen sie im weichen Boden nach Insekten und Würmern stochern. Das geht nicht in trockenem, harten Boden. Deswegen sind Entwässerungen von Wiesen für sie ein Problem. Sie lieben flache, überschwemmte Bereiche, in denen sie herumwatscheln und stochern können.

Kiebitz   **Brachvogel**   **Rotschenkel**

Lebensraum Teich

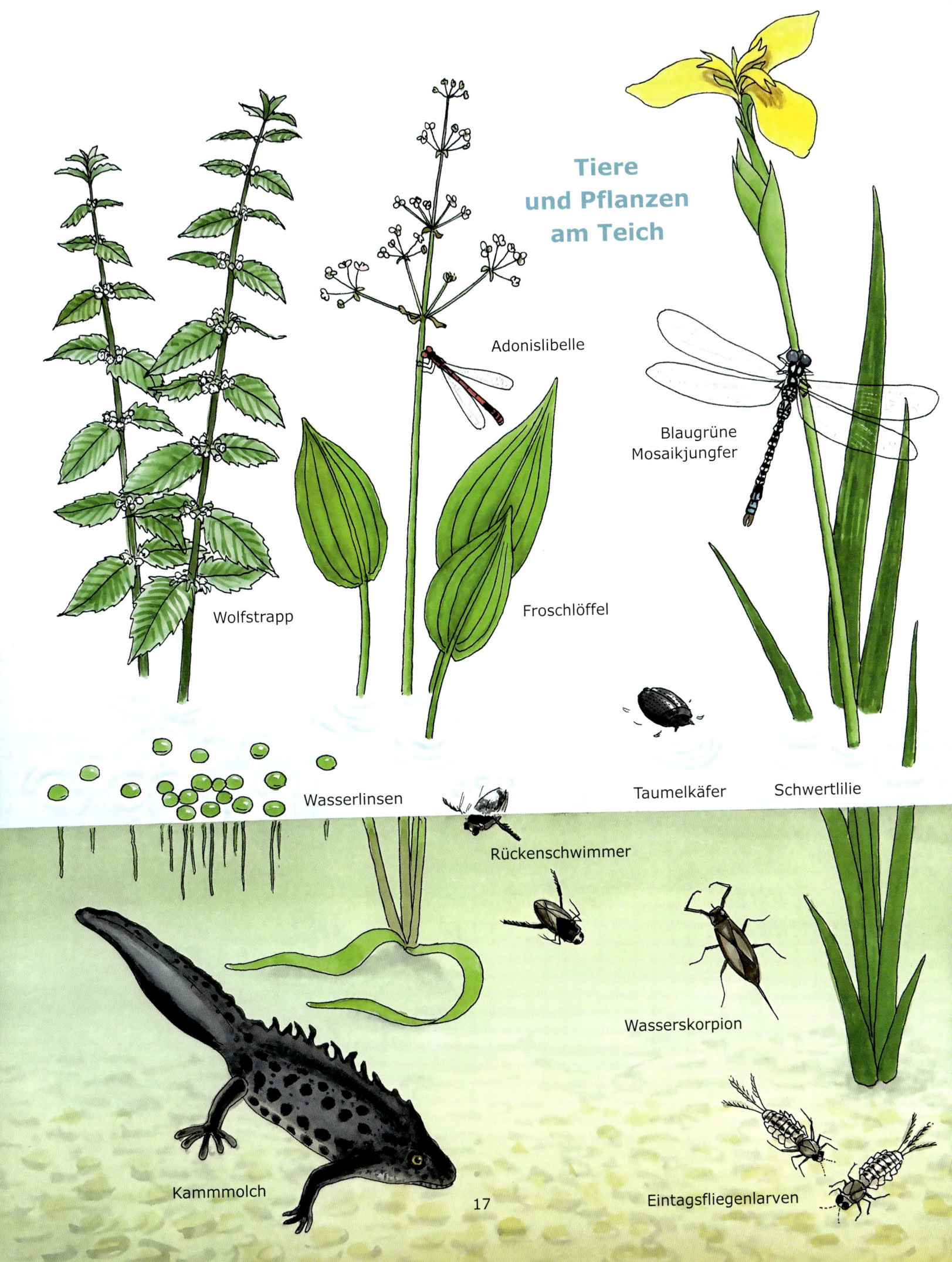

Vom Ei zur Libelle

Vom Ei zum Molch

Rettung der Kleingewässer

Teiche, Tümpel, Wasserpfützen und Mulden sind toll! Nicht nur Kindern macht es Spaß im und am Wasser zu spielen. Auch Tiere und Pflanzen lieben Wasser!

Wusstest du, ...

- dass über 2.000 Insektenarten im Wasser leben,
- dass das Leben aller Amphibien (Frösche, Kröten und Molche) im Wasser beginnt,
- auch die Kinder der Libellen als Larven im Wasser ins Leben starten,
- der Wels der größte Fisch im Teich ist und bis zu 2,5 Meter groß wird!

Leider sind Kleingewässer selten geworden. Unsere Landschaft wird immer intensiver genutzt. Mit starken Maschinen ist es heute möglich, Flächen zu entwässern und Teiche und Mulden zuzuschieben, damit die Menschen mehr Platz haben für Landwirtschaft und Häuser und Straßen.

Viele Flächen werden zudem geschottert und asphaltiert. Auch unbefestigte Sand- und Waldwege, wo es früher viele kleine Pfützen und Wasserlöcher gab.

Ein weiteres Problem ist, dass die übriggebliebenen Teiche mit Bäumen, Sträuchern, Schilf und Gras zuwachsen, so dass das Wasser nach und nach verschwindet.

Umso wichtiger ist es, noch vorhandene Kleingewässer zu erhalten, zu retten und neue zu schaffen.

Wie rettet man Kleingewässer?

Ist der Teich zugewachsen, müssen die Gehölze im und am Teichrand entfernt werden, damit wieder Licht ans Gewässer kommt und nicht mehr so viel Laub ins Wasser fällt. Die Schlammschicht mit Gras und Schilf muss ausgebaggert werden.

Die Natur braucht keine Ordnung – Kleingewässer neu anlegen

Teiche neu anzulegen ist immer eine gute Idee! Dabei sollte der Teichrand nicht steil und glatt wie eine Badewanne sein, sondern abwechslungsreich mit flachen Böschungen, damit die Tiere leicht ins Gewässer rein und rauskommen. Löcher und Fahrspuren rund um das Gewässer, die bei den Bagger- und Gehölzarbeiten entstehen, müssen nicht glattgezogen oder verfüllt werden. Hier entstehen zusätzliche kleine Lebensräume. Auch ein Teil der gefällten Bäume sollte liegend und stehend, um das Gewässer herum bleiben. Dieses Alt- und Totholz bietet vielen Tieren wertvollen Lebensraum. So wird biologische Vielfalt ermöglicht.

Lebensraum Fluss

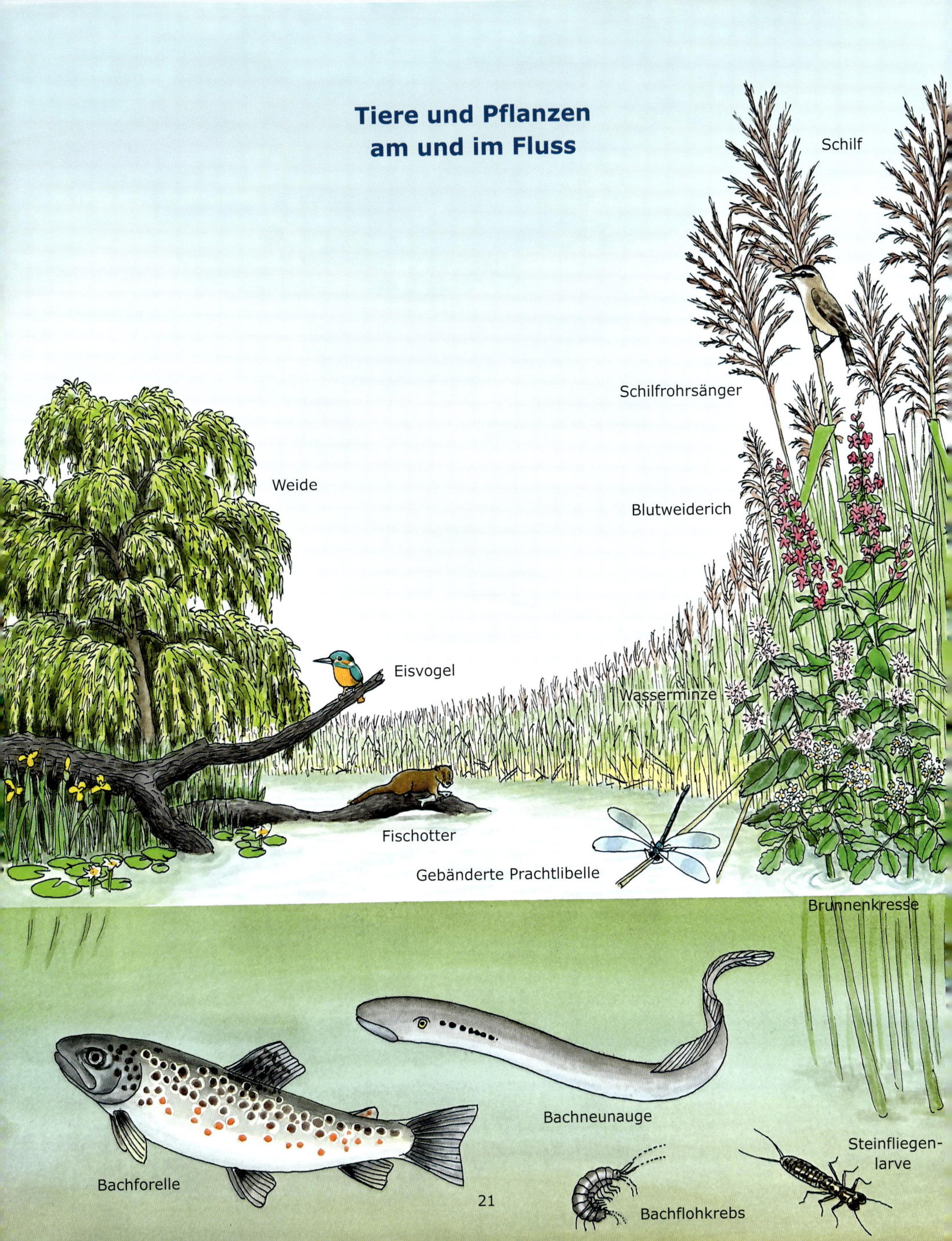

Wie wird der Fluss wieder schön für Tiere und Pflanzen?

Flüsse mit den angrenzenden Wiesen und Wäldern, die sogenannte Flussaue, gehören zu den vielfältigsten und strukturreichsten Lebensräumen. Eigentlich!

Früher schlängelten sie sich wild durch die Landschaft. Es gab seichte Uferzonen und steile Uferwände. Tiefe Stellen wechselten sich mit flachen Bereichen ab. Es gab Sandbänke und steinige Abschnitte. Wiesen und Wälder neben dem Fluss wurden immer wieder überschwemmt. Eine Vielfalt an Tieren und Pflanzen war hier zuhause.

In den letzten Jahrzehnten hat der Mensch versucht die Flüsse zu kontrollieren. Zu seinem Nutzen wurden sie begradigt, Stauwehre und Sohlabstürze eingebaut. Die Ufer wurden mit Steinen und Beton befestigt und die Böschungen gemäht. Häufig reichen die Äcker bis zur Wasserkante und die Häuser werden zu nah an den Fluss gebaut.

Dass die Ausbaumaßnahmen nicht nur Vorteile brachten, wurde durch die Flutkatastrophen der letzten Jahre und den Rückgang der Tier- und Pflanzenarten deutlich.

Flussrenaturierung

Es geht aber auch anders, hier siehst du, wie ein Fluss wieder renaturiert wird. Das heißt, er wird wieder natürlicher gestaltet, so wie er früher einmal ausgesehen hat, bevor die Menschen ihn verändert haben. Die Bagger graben ein naturnahes Flussbett aus, das sich wieder in Schleifen durch die Landschaft winden darf.

Sohlgleite ist besser als Sohlabsturz

Durch die Begradigung wurde der Fluss viel kürzer und floss viel schneller. Die Höhenunterschiede der Landschaft mussten auf viel kürzerer Strecke ausgeglichen werden. Darum wurden sogenannte Staustufen oder Sohlabstürze in den Fluss eingebaut. Hier kommt das Wasser mit großer Geschwindigkeit an und stürzt dann über die Staustufe in die Tiefe. Viele Wassertiere (nicht nur die Fische) haben keine Chance, diese Staustufe zu überwinden. Das heißt, sie können nicht mehr im Fluss hin und her schwimmen, sondern sind in den Abschnitten zwischen den Sohlabstürzen gefangen.

Sohlabsturz

Aber auch das geht anders! Die unüberwindbare Stufe kann durch eine sogenannte naturnahe Sohlgleite ersetzt werden. Auf einem längeren Streckenabschnitt werden Steine ins Wasser gelegt, die wie eine Rutsche aus Steinen, es den Tieren möglich machen, in den nächsten Flussabschnitt zu schwimmen. Durch die Steine fließt das Wasser langsamer und stürzt nicht so tief. An den Steinen können sich die Tiere zwischendurch auch ausruhen, um die Strecke zu schaffen.

Sohlgleite

Wo können die Tiere sich besser hin und her bewegen? Was glaubst du?

Heckensträucher

Hundsrose

Holunder

Schlehe

Weißdorn

Hasel

Vogelbeere oder Eberesche

Heckenpflege – aber wie?

Die richtige Heckenpflege ist sehr wichtig für den Wert der Hecke. Der richtige Zeitpunkt, um eine Hecke zu schneiden, ist der Beginn des Jahres, jedoch vor dem 1. März, bevor die Vögel darin anfangen zu brüten. Am besten ist es für die Hecke, wenn sie regelmäßig in kleinen Abschnitten „auf den Stock gesetzt" wird. Das bedeutet, dass die Hecke abschnittsweise bis auf etwa 30 Zentimeter heruntergeschnitten wird. Ein nur seitliches oder zu heftiges Zurückschneiden der Hecke raubt vielen Tieren ihren Lebensraum, so dass die Hecke für viele Bewohner ihre Attraktivität verliert.

Laubgehölzhecken verbinden!

Früher dienten Hecken aus heimischen Laubgehölzen der Umzäunung von Feldern und Wiesen. Wie ein grünes Band zogen sie sich durch die Landschaft. Heute findet man immer weniger Hecken in der Landschaft. Stattdessen werden die Felder immer größer, um besser wirtschaften zu können.

Hecken verbinden aber die Lebensräume miteinander. Viele Wildtiere finden hier Schutz und bewegen sich darin sicher von einem Biotop ins nächste, ohne dabei eine gefährliche Straße oder ein offenes Feld überqueren zu müssen. Einige Tiere nutzen die Hecken auch zum Nisten.

Der Stieglitz gehört zum Beispiel zu den Vögeln, die in der Hecke nisten. Er findet hier ein geschütztes Plätzchen für sein Nest und kann die Hecke gleichzeitig als Ausgangspunkt für seine Nahrungssuche nutzen.

Über 1.000 Tierarten leben in und um eine Hecke aus heimischen Laubgehölzen. Sie liefert Blütennektar, Beeren, Nistmöglichkeiten, Schutz und Winterquartier für Insekten, Vögel, Säugetiere, Amphibien und Reptilien.

Hecken, die aus nicht heimischen Laubgehölzen bestehen, wie Kirschlorbeer oder Scheinzypresse bieten viel weniger Tieren Nahrung und ein Zuhause.

Finde einen ungefährlichen Weg, um die Tierpaare zusammenzubringen!

Lebensraum Sand und Geest

Leben im Sand

Sandlebensräume –
Magerrasen sind oft nicht bekannte Schatzkästen der Natur!

Nach der Eiszeit blieb viel Sand in unserer Region zurück. Wind wehte den Sand zu Dünen und Sandfeldern auf. Diese werden Geest genannt. Wenige Pflanzen wuchsen hier.

Das Leben auf Sand ist schwirig. Sand ist nährstoffarm und speichert außerdem kaum Wasser. Pflanzen und Tiere, die hier überleben wollen, müssen sich anpassen und sind meist sehr klein, so dass sie leicht übersehen werden. Auf nährstoffreicheren Standorten werden sie von anderen Arten verdrängt. Obwohl das Leben auf dem Sand hochspezialisierte Fähigkeiten erfordert, ist hier viel los.

In sandigen Böden finden viele Wildbienen wichtige Brutmöglichkeiten. Sie graben Brutröhren in den Sand und lagern den Erdaushub um den Nesteingang. Bei sonnigem Wetter kann man die Sandbienen dabei beobachten wie sie aus ihren Niströhren kommen.

Heute sind nur noch wenige Sandflächen bzw. Magerrasen zu finden. Viele Flächen wurden in Äcker umgewandelt und der Einsatz von Dünger hat viele Veränderungen mit sich gebracht. Doch Sand ist ein schützenswerter Lebensraum. Deswegen ist es umso wichtiger, die verbliebenen Sandlebensräume zu erhalten.

Ehemalige Sandabbaugruben bieten vielen Tieren und Pflanzen heute einen Ersatzlebensraum. Die Sandabbaukanten ähneln den ehemaligen, natürlichen Sandsteilufern entlang der Flüsse. Hier brüten die Uferschwalben! Auch der Uhu und die Ringelnatter sowie das Bergsandglöckchen und das Silbergras finden in den Sandgruben ein neues Zuhause. Wichtig ist, dass die Sandabbaustätten nicht wieder aufgefüllt werden, sondern nach dem Ende des Sandabbaus für die Tiere und Pflanzen offengehalten werden.

Wo würde die Uferschwalbe ein Nest bauen?

Ein Hochmoor entsteht

In Hochmooren sammelt sich ausschließlich Regenwasser. Sie wachsen 1 mm im Jahr nach oben. Hochmoore sind nährstoffarm und bieten hochspezialisierten Arten Lebensraum.

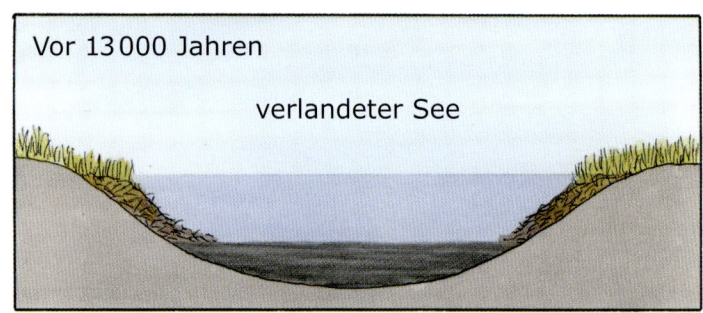

Vor 13 000 Jahren – verlandeter See

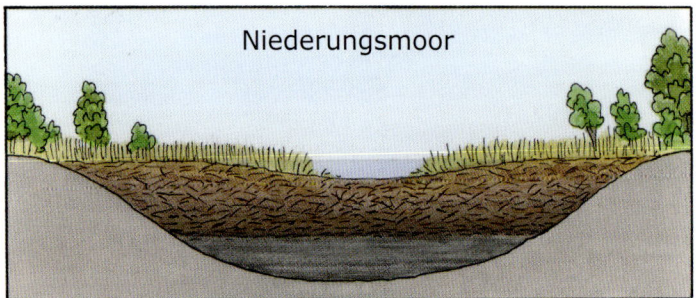

Niederungsmoor

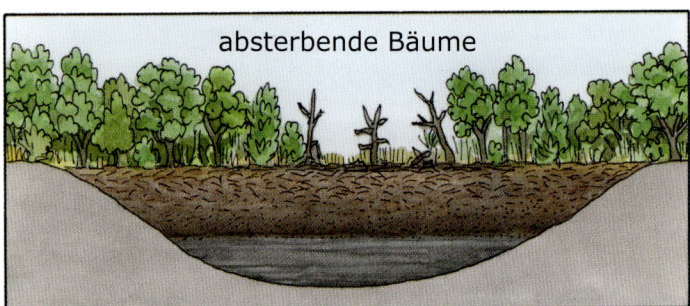

absterbende Bäume

entstehendes Hochmoor

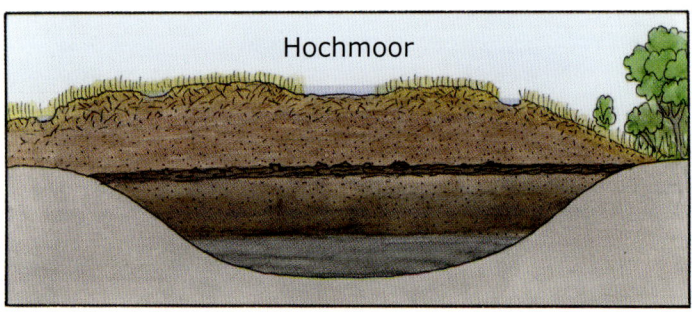

Hochmoor

Torfmoos

Torf

Moorrenaturierung – Eine zweite Chance für Natur- und Klimaschutz

15 000 Jahre brauchten die Hochmoore um in der Region bis zu 15 m in die Höhe zu wachsen. Innerhalb weniger Jahrzehnte wurden die mächtigen Torfmoosschichten abgebaut und der Torf als Brennmaterial und als Blumenerde genutzt und verkauft. Für die Artenvielfalt der Moore und das Klima eine Katastrophe, deswegen versucht man die Moore wieder zu renaturieren.

Moore sind faszinierende Landschaften, die besondere Tiere und Pflanzen beheimaten. Sie spielen eine wichtige Rolle für die biologische Vielfalt und den Klimaschutz. Bedrohte Tiere und Pflanzen, wie Sonnentau, Wollgras, Große Moosjungfer und Moorfrosch leben im Moor. Heile Moore speichern im Torf viel Kohlendioxid (CO_2). CO_2 ist ein Gas und schädigt das Klima. Wird das Moor abgebaut oder entwässert, wird das CO_2 wieder frei.

Was passiert nach dem Torfabbau?

Soll ein abgetorftes Hochmoor wieder renaturiert werden, muss als erstes eine Wiedervernässung hergestellt werden. Dazu muss nach dem Abbau eine mindestens 60 cm dicke Torfschicht verbleiben. Diese soll den Wasserabfluss nach unten verhindern. An den Seiten werden Torfwälle aufgeschoben, die wie Badewannenränder die Fläche umschließen. Der Regen füllt dann die sogenannten „Polder". Frühere Abflussgräben müssen geschlossen werden.

Gelingt es, das Moor nass genug zu halten, wachsen im Laufe der Jahre wieder die moortypischen Pflanzen. Damit es schneller geht, können in die anfangs kahlen Wasserflächen Äste und Bäume gelegt werden, um den Wellenschlag zu beruhigen. Dann ist es leichter für Torfmoose und Wollgras sich dort anzusiedeln.

Früher – Leben im Moor

Erst der Einsatz großer Maschinen, erleichterte das Leben der Moorbauern, allerdings wurde dadurch noch schneller das Moor abgetorft zum Nachteil von Natur und Klima.

Tiere und Pflanzen der Heide

Vom Wald zur Heide

Entstehung der Heide

Heide ist eine schöne und schützenswerte Landschaft. Lebensraum für viele seltene Tiere und Pflanzen. Allerdings ist sie keine Naturlandschaft, sondern durch eine Übernutzung der Wälder durch den Menschen entstanden.

Früher trieben die Bauern ihr Vieh zum Fressen in den Wald. Gleichzeitig fällten sie die Bäume, um Brenn- und Bauholz zu bekommen. Ganze Waldbereiche wurden abgebrannt, um durch diese „Brandrodung" Äcker zu gewinnen.

Die Folge war eine baumlose Landschaft mit kahlem Boden. Die Bäume, die zuvor mit ihren Wurzeln den Boden festgehalten und Wasser gespeichert hatten, waren weg und das Land war nun schutzlos dem Wind und dem Regen ausgeliefert. Die wertvolle Erde wurde weggeweht oder weggespült. Zurück blieb nährstoffarmer, trockener Sand. Nur noch Heide konnte auf diesen kahlen Böden wachsen.

Die nun folgenden Heidebauern beweideten mit ihren Schafen, Heide- und Moorschnucken die Flächen. Schafe waren die einzigen Nutztiere, die von der Heide leben konnten. Zusätzlich schälten die Bauern die Heide vom Boden ab (das nennt man auch abplaggen) und verwendeten sie als Einstreu in den Ställen. Im Frühjahr wurde die „Heideeinstreu" dann als Dung auf die Felder gebracht. Daher kommt auch der Begriff der „mühseligen Plackerei".

Heute ist die Heide ein schützenswerter Lebensraum für seltene Tiere und Pflanzen, die sich im Laufe der Zeit auf diese schwierigen Bedingungen spezialisiert haben. Sie steht unter Naturschutz, denn es gibt nur noch wenige Heideflächen.

Durch die moderne Düngung war es den Menschen möglich, die mageren Flächen stark zu düngen, so dass dort Äcker und Felder betrieben werden können. Der Lebensraum Heide verschwand nach und nach.

Ohne Pflege können die verbliebenen Heiden nicht überleben. Die Heide wird alt und stirbt oder wächst mit Birken und Kiefern zu. Deswegen werden manche Heiden auch heute noch mit Schafen beweidet oder von Zeit zu Zeit gemäht. Freiwillige Naturschützer helfen mit der Hand, die jungen Bäume aus der Heide rauszuziehen. Oft sind es Kinder und Schulklassen, die bei solchen Aktionen helfen. Großartig, danke!

Gefahren für das Zuhause von Tieren und Pflanzen im Garten

Ein schönes Zuhause von Tieren und Pflanzen im Garten

Eine lebendige Landschaft

Kannst du die gerade vorgestellten Lebensräume hier entdecken?
Diese Strukturvielfalt bietet viele Möglichkeiten für Tiere und Pflanzen.
Das ist biologische Vielfalt.